ettemberg

8.

AF263158

MÉMOIRE

HISTORIQUE

SUR UNE DÉCOUVERTE

Provoquée par le Gouvernement, et dont le succès est de la plus haute importance pour la santé des Armées de l'Empire Français;

ET DEMANDE en interprétation de la Loi du 25 Prairial an 13.

BIBLIOTHEQUE ROYALE

FÉVRIER 1808.

MÉMOIRE

HISTORIQUE

SUR UNE DÉCOUVERTE

Provoquée par le Gouvernement, et dont le succès est de la plus haute importance pour la Santé des Armées de l'Empire Français.

En l'an 2, le Gouvernement invita tous les Officiers de Santé à rechercher et à présenter *le Moyen le plus sûr, le plus prompt et le plus simple possible* pour guérir la Gale parmi les Soldats, et à s'occuper en même temps de la découverte d'un Moyen de prévenir l'introduction de la Gale dans les Armées.

Voici à ce sujet un Extrait du Mémoire de M. LARIBEAU, Inspecteur général des Hôpitaux militaires, imprimé à cette époque

par ordre du Comité de Salut public, et dis-
tribué aux Armées.

« J'ai dit, dans mon dernier Mémoire, que
» si le moyen le plus simple et le moins dan-
» gereux pour guérir la Gale à nos Soldats,
» étoit un bien pour la République et pour
» l'Humanité ; celui de la prévenir dans les
» Armées, seroit encore d'une bien plus grande
» importance sous tous les rapports.

» Pendant l'intervalle de deux ou trois cam-
» pagnes, tous les Soldats, qui composent nos
» Armées, sont alternativement attaqués de
» cette maladie, sans compter que la plupart
» d'entr'eux l'ont cinq ou six fois pendant le
» même intervalle.

» Dans un précédent Mémoire, j'ai dit
» qu'il y avoit constamment près de cent mille
» Galeux dans les Hôpitaux militaires, et que
» cette maladie laissoit par conséquent une
» force de cent mille hommes de moins sous
» les drapeaux de la République.

» J'ai dit de même que les Galeux, réunis
» dans les Hôpitaux militaires, y contractoient

» des maladies putrides, qui en faisoient périr
» un vingtième tous les ans : si, comme nous
» l'avons dit plus haut, il passe tous les ans
» quatre cent mille Galeux dans les Hôpitaux;
» c'est vingt mille hommes que la République
» conserveroit chaque année, si on pouvoit
» découvrir un Moyen propre à prévenir la
» Gale dans nos Armées.

» Si on pouvoit arriver à ce but, si désiré
» par tous les amis de la Patrie et de l'Hu-
» manité, on pourroit réduire à près de la
» moitié les Hôpitaux militaires qui existent
» aujourd'hui, et qui coûtent des sommes im-
» menses en frais d'Administration à la Ré-
» publique.

» Il est donc de la plus grande impor-
» tance que le Comité de Salut public invite
» tous les talens, dans cette partie, à s'occu-
» per de cette intéressante Découverte. »

En l'an 3, j'avais déjà ébauché la Découverte désirée; et, conformément à l'invita-
tion faite par le Comité de Salut public, je

m'empressai de faire part de mes premiers succès, et d'envoyer *la Recette ou Composition formulée de mon Remède*, au Comité militaire. J'ai entre les mains la preuve que la Commission des Secours publics renvoya *cette Recette* à la Commission de Santé, pour l'examiner : mais depuis cette époque je n'en reçus plus de nouvelle. Cette circonstance me décida à garder désormais le silence sur la Composition première de mon Spécifique, depuis perfectionnée par moi et tenue secrète, en attendant une occasion plus favorable pour représenter ma Découverte sous la forme de l'observation et de l'expérience exclusivement.

En l'an 8, l'un des illustres FRÈRES de SA MAJESTE L'EMPEREUR ET ROI, le Sénateur LUCIEN BONAPARTE, alors Ministre de l'Intérieur, considérant que l'expérience était la base des connaissances certaines et le fondement de tous les succès en Médecine, m'autorisa à faire des Expériences publiques dans les Hospices de Paris, pour prouver l'efficacité de ma Découverte anti-psorique.

En l'an 1806 et en l'an 1807, S. E. Monseigneur DE CHAMPAGNY, alors Ministre de l'Intérieur, ordonna que les Expériences publiques sur ma Découverte fussent renouvelées dans les Hospices de *Lille*, de *Lyon*, de *Strasbourg* et ensuite de *Saint-Denis.* D'après les instructions positives de ce Ministre, en date du 31 Mai 1806, ce n'était point des argumens mais des *faits* que le Gouvernement demandait; et les Commissaires devaient se borner à constater l'état des Malades soumis à l'application de *ma Quintessence anti-psorique.*

J'ai satisfait, *à mes frais*, à tout ce qu'on a voulu; et les Procès-verbaux de ces diverses Expériences, ordonnées par l'Autorité légale, ont constaté, de la manière la plus authentique, la puissante efficacité de ma Découverte. Ces Procès-verbaux font notamment foi que je me suis *inoculé* impunément la Gale; que j'ai rendu, aux Armées, des Conscrits que personne n'osait toucher et dont la Commission spéciale avait pronostiqué la mort. Il est constant, d'après ces Procès-verbaux officiels, que MM. les Médecins-Commissaires ont tous reconnu les *faits*, et que les succès de mon Procédé particulier sont constatés par leurs signatures.

A l'appui des Procès-verbaux de ces Expériences officielles, dont les Originaux sont déposés dans les Bureaux du Ministère de l'Intérieur, et dont les Copies sont entre mes mains, se trouvent également déposés à ce Ministère,

1°. Le témoignage de beaucoup de Médecins et de Chirurgiens des Corps ou Etablissemens civils, militaires et maritimes, sur l'efficacité et les avantages de ma Découverte anti-psorique.

2°. La déclaration d'un grand nombre de Malades, dont la moralité est très-connue, sur les effets salutaires qu'ils ont éprouvés de l'usage de mon Remède.

3°. Le suffrage impartial de beaucoup de Magistrats, qui ont été témoins des succès de ma Découverte.

4°. Enfin l'attestation de plusieurs Maréchaux de l'Empire, Généraux de Division et Officiers Supérieurs, lesquels, ayant été témoins des succès particuliers de mon Procédé anti-psorique, « estiment que son appli- » cation serait très-utile aux Armées comme » préservatif; et qu'il épargnerait aux Hô- » pitaux militaires les frais considérables d'un » traitement compliqué et incertain. »

Je me reprocherais à moi-même et je m'avouerais coupable envers le Gouvernement et l'Humanité entière, si, sûr de la vérité, je n'avais fait depuis l'an 3, malgré des obstacles et des difficultés sans nombre, tout ce qu'il m'était possible de faire pour prouver, de la manière la plus incontestable, la possibilité physique, d'après mon Procédé et ma Composition,

1°. De rendre aux Armées, dans l'espace de trois mois au plus tard, *trente mille*

Hommes, au moins, qui languissent dans des Hôpitaux et dans des Dépôts pour cause de Maladies graves et opiniâtres de toute espèce, que l'on croit étrangères à la Gale : ce sont autant de braves Militaires perdus pour la gloire et le bien de la commune Patrie ;

2°. D'anéantir désormais le fléau de la Gale dans les Armées. Ce Projet philantropique serait facile à exécuter ; il ne s'agirait que d'assujétir chaque Soldat à une *simple lotion générale*, tous les 15 jours en hiver et tous les 8 jours en été, avec ma *Quintessence* modifiée de trois quarts d'eau, selon l'article *Toilette* de l'Instruction pour l'emploi de ce Remède. Outre que cette *lotion* préviendrait les effets de la Contagion de la Gale, elle décrasserait parfaitement bien la peau, maintiendrait une transpiration naturelle et une propreté qui contribueraient beaucoup à la santé générale du Soldat.

Le moindre soin personnel, qui paraît d'abord impraticable pour une Armée en masse, se simplifie infiniment en divisant cette masse comme elle l'est naturellement en Régimens, et ceux-ci en Compagnies. D'ailleurs cette *lotion* peut s'exécuter en deux minutes et partout où se trouvent les Troupes: le Soldat lui-même, qui sentirait bientôt tous les avantages de ce *Bain artificiel de propreté*, serait le premier à vouloir se lotionner.

En admettant cette nouvelle Méthode comme *préservative* pour les Armées, outre que l'on garantirait la santé publique dans tous les Logemens Militaires, la propreté remplacerait la puanteur et la saleté inséparables des traitemens usités; et l'on y gagnerait encore la conservation des effets d'Habillement et des fournitures de Casernes et d'Hôpitaux, qui sont des dépenses d'une considération majeure pour l'Administration.

Ainsi, une bouteille de ma *Quintessence* suffirait par an à chaque Soldat; et rien que l'argent qu'il en coûte annuellement à l'Etat pour le remplacement du linge, des matelas, couvertures et effets, *perdus par le soufre et autres ingrédiens*, serait plus que suffisant pour prévenir cette quantité prodigieuse de Gales *compliquées*, *répercutées*, *et dégénérées*, qui encombrent les Hospices ; pour conserver les Hommes sous les Drapeaux ; et pour ne plus compter désormais un seul Galeux dans toutes les Armées de SA MAJESTÉ L'EMPEREUR ET ROI.

Maintenant que l'efficacité de ma Découverte anti-psorique est officiellement constatée d'après les Procès-verbaux des Expériences publiques, et que j'ai rempli toutes les formalités *nouvelles* prescrites par LL. EE. les Ministres de l'Intérieur, je demande, si je puis être dépouillé du fruit de mes travaux, et si l'Humanité doit souffrir de l'allégation d'un défaut de forme dans l'application d'une Loi, dont j'ai rempli l'objet au-delà même du texte et de l'esprit de cette Loi ?

Et quel est ce défaut de forme ? C'est, à ce que l'on prétend, la discordance des Commissaires ; le partage des opinions sur toutes

es propriétés du Remède, et de là le refus
le l'approbation d'une partie des Méddcins.

Est-il si extraordinaire qu'il y ait division
l'opinions parmi quatre Commissions spécia-
es, composées de près de cinquante Méde,
:ins; et ne sait-on pas qu'HIPPOCRATE dit
oui et que GALIEN dit *non*? La Faculté de
Médecine elle-même n'a-t-elle pas condamné
solennellement l'usage intérieur de l'anti-
moine et du mercure, qu'elle approuve aujourd'hui?

Cependant aucun des Médecins, fesant partie de ces Commissions spéciales, n'a désa-
voué la vertu *curative* de mon Remède : les
avis ne sont divisés qu'à l'égard de sa vertu
prophylactique, indicative et *uniforme* contre
la Gale en général; et encore la majorité des
Commissaires a émis des avis favorables.

Au surplus, des suppositions, des disser-
tations forcées peuvent-elles atténuer le ré-
sultat de *faits* publiquement et authentique-
ment justifiés, et que tous les Commissaires
eux - mêmes ont aussi reconnus par leurs

signatures? Des avis, même divisés, dans une science quelquefois conjecturale, doivent-ils prévaloir sur l'expérience avérée, et triompher de l'évidence? L'événement n'est-il pas plus démonstratif que tous les raisonnemens les plus éloquens et même en apparence les plus concluans?

Si *anciennement* les premiers Médecins du Roi et la Société Royale de Médecine ont approuvé une foule de Remèdes secrets, sur la simple communication de la Recette ou Composition formulée de ces Remèdes, *et sans aucune forme d'expérience officielle*; si cependant les Auteurs et Propriétaires de ces différens Remèdes, *approuvés dans les formes alors usitées*, peuvent tous jouir *de l'exception portée aux termes du* DÉCRET *du 25 Prairial an* 13, quoique la plupart de ces Remèdes soient insignifians pour les PROGRÈS DE LA SCIENCE; si notamment Mᴸˡᵉ MATHIEU, Compositeur d'une *Eau pour le teint*, récemment approuvée par la Société de Médecine de Paris, *et d'après la même forme*, participe au bénéfice de ce Décret; qu'il me

soit permis , après quinze années de persévé-
rance et de succès constans, de jouir au moins
du même avantage , et , à cet effet, de solliciter
de la bienveillance et de la justice du Gou-
VERNEMENT *une interprétation du Décret
du 25 Prairial an* 13, sur la suffisance ou
l'insuffisance des formalités auxquelles j'ai été
ministériellement assujéti, et que j'ai entière-
ment remplies pour satisfaire à *l'esprit* et at-
teindre le *but* de cette Loi.

Paris , Février 1808.

Signé METTEMBERG ,

Ancien Chirurgien - Major du 75me Régi-
ment d'Infanterie (ci-devant Monsieur),
successivement Chirurgien en Chef de la
140me Demi-Brigade et Chargé en Chef
du service de la Division du Général
DESAIX , Chirurgien - Major actuel de la
Garde et Maison du Sénat-Conservateur, etc.

Rue d'Enfer , n° 11.

____

De l'Imprimerie de COURCIER, quai des
Augustins, N° 57.

www.ingramcontent.com/pod-product-compliance
Lightning Source LLC
Chambersburg PA
CBHW050747070726
47597CB00009B/4107